# Inhaltsverzeichnis

## Einführung

## Arbeitsblätter

(in drei bis vier Schwierigkeitsstufen)



**Lösungen** in Form von ausgefüllten Arbeitsblättern können Sie kostenlos unter folgendem Link herunterladen: http://www.persen.de/zusatzmaterial-21044

## Übersicht über verwendete Piktogramme

 Ankreuzen

 Lesen

Durchstreichen

 Nummerieren

 Einkreisen

 Schneiden

Kleben

 Verbinden

## Allgemeine Hinweise

Die vorliegenden Kopiervorlagen sind Teil der Reihe „Sonderpädagogische Förderung in der Regelschule“. Mit dieser Reihe möchten wir Sie als Grundschullehrkraft bei der Förderung von Schülerinnen und Schülern mit sonderpädagogischem Förderbedarf im inklusiven Unterricht unterstützen. Die Materialien wurden speziell für den Einsatz in individuellen Übungsphasen entwickelt (z. B. im Rahmen der Wochenplanarbeit) und lassen sich ohne viel Vorbereitungsaufwand differenzierend einsetzen.

Der Aufbau der einzelnen Arbeitsblätter ist dabei besonders übersichtlich und klar. Durch sich wiederholende Aufgabenformate sowie durch den Einsatz unterstützender Piktogramme wird selbstständiges Üben auch für Schülerinnen und Schüler mit sonderpädagogischem Förderbedarf leicht möglich.

Im Rahmen der Reihe „Sonderpädagogische Förderung in der Regelschule“ werden Übungsmaterialien zu den grundlegenden Themen der Fächer Deutsch und Mathematik sowie für den Bereich Lernvoraussetzungen im Anfangsunterricht veröffentlicht.

## Hinweise zum Material „Sätze sinnentnehmend lesen“

Schüler mit geringer Leseleistung haben nach Untersuchungen zu einem lernförderlichen Unterricht (vgl. May, Peter. Lernförderlicher Unterricht. 2. Band. 2002) nicht nur eine geringe Lesemotivation, sondern auch grundsätzlich ein geringes Selbstbild und Selbstvertrauen. Daher sollten Materialien zur Leseförderung klar strukturierte und überschaubare Aufgaben enthalten, die keinen zu hohen Erwartungsdruck aufbauen. Durch die Erarbeitung in kleinen Schritten und durch Wiederholung von Übungstypen kann den Schülern Sicherheit vermittelt werden. „Gleiche Aufgaben in verschiedenen Schwierigkeitsgraden bieten Kindern Erfolgserlebnisse und lassen sie ihr Können erfahren ...“ (Wedel-Wolf, Annegret. Anforderungen an Materialien zur Leseförderung. Grundschule 7–8/2003, S. 70). Das vorliegende Material besteht daher aus sieben verschiedenen Übungstypen in drei bis vier Schwierigkeitsstufen. Die erste Stufe ermöglicht durch die kurzen Wörter und einfachen Strukturen einen langsamen Übergang von der Wort- zur Satzebene. In den folgenden Stufen steigert sich der Schwierigkeitsgrad von Zwei- und Dreiwortsätzen hin zu Vier- und Mehrwortsätzen mit zunehmend längeren Wörtern. Durch die nach Sprechsilben segmentierte Schreibweise wird den Schülern eine zusätzliche Hilfe beim schnellen Erfassen der Wörter gegeben. Bei Bedarf können zusätzlich Silbenbögen oder Bindestriche eingezeichnet oder die Silben farbig markiert werden. Der große Schriftgrad unterstützt ebenfalls bei der Durchgliederung.

Name: ______________________________

 **Lies genau.** 

 **Kreuze an, was richtig ist.**

☐ Jan be det.
☐ Jan ba det.
☐ Jan kauft.

---

☐ Pa pa baut.
☐ Pa pa weint.
☐ Pa pa haut.

---

☐ Li sa kocht.
☐ Li sa baut.
☐ Li sa kauft.

---

☐ Mo na malt.
☐ Mo na rech net.
☐ Mo na rei tet.

---

☐ Ni ko taucht.
☐ Ni ko tanzt.
☐ Ni ko trinkt.

---

☐ Me la nie fängt.
☐ Me la nie läuft.
☐ Me la nie fährt.

---

☐ Mar ko kauft.
☐ Mar ko kocht.
☐ Mar ko ki chert.

Name:

 **Lies genau.** 

 **Kreuze an, was richtig ist.**

☐ Tim taucht.
☐ Tim trom melt.
☐ Tim tanzt.

---

☐ Pi lo ten fra gen.
☐ Pi lo ten lau fen.
☐ Pi lo ten flie gen.

---

☐ Wöl fe la chen.
☐ Wöl fe heu len.
☐ Wöl fe hel fen.

---

☐ Mer lin singt.
☐ Mer lin schiebt.
☐ Mer lin schreibt.

---

☐ Mer lin riecht.
☐ Mer lin rennt.
☐ Mer lin kennt.

---

☐ Mer lin kocht.
☐ Mer lin ki chert.
☐ Mer lin klet tert.

---

☐ Mer lin sucht.
☐ Mer lin lacht.
☐ Mer lin lügt.



Carla Block / Katrin Wemmer: Sätze sinnentnehmend lesen

Name:

 **Lies genau.**

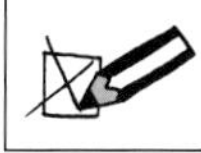 **Kreuze an, was richtig ist.**

- ☐ Wir sind blau.
- ☐ Wir sind Freun de.
- ☐ Wir sind Fein de.

- ☐ Kö nig mit Ku gel.
- ☐ Kö nig mit Kan ne.
- ☐ Kö nig mit Kro ne.

- ☐ Mar kus sprengt run ter.
- ☐ Mar kus springt run ter.
- ☐ Mar kus springt hi nauf.

- ☐ Fa bi an mit Scho ko.
- ☐ Fa bi an mit Schirm.
- ☐ Fa bi an mit Scherz.

- ☐ Jan mag Er de.
- ☐ Jan mag Ei sen.
- ☐ Jan mag Eis.

- ☐ Ron ja mit Haus.
- ☐ Ron ja mit Ro se.
- ☐ Ron ja mit Helm.

- ☐ Geis ter le sen ger ne.
- ☐ Geis ter spu ken ger ne.
- ☐ Geis ter schwim men ger ne.

Name:

**Lies genau.**

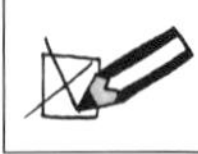

**Kreuze an, was richtig ist.**

☐ Lu lu kaut Scho ko la de.
☐ Lu lu baut Scho ko la de.
☐ Lu lu hört Scho ko la de.

☐ Jens fragt sich.
☐ Jens freut sich.
☐ Jens freut nicht.

☐ Af fe oh ne Ba na nen.
☐ Af fe mit Ba na nen.
☐ Af fe mit Bir nen.

☐ Mark ruft lo se.
☐ Mark ruft nicht.
☐ Mark ruft laut.

☐ Mark spukt Fuß ball.
☐ Mark spielt Fuß ball.
☐ Mark spielt Fuß pilz.

☐ O pa ist fröh lich.
☐ O pa ist weib lich.
☐ O pa ist wü tend.

☐ Spin ne im Ne bel.
☐ Spin ne im Satz.
☐ Spin ne im Netz.

Name: ______________________________

**Lies genau.**

**Kreuze an, was richtig ist.**

- ☐ Tor und To ni mit Haus.
- ☐ Tim und To ni mit Blu me.
- ☐ Tim und To fu mit Baum.

---

- ☐ Tim und Tü te im Was ser.
- ☐ Tim und To ni im Schnee.
- ☐ Tim und To ga im Schnee.

---

- ☐ Wir ma chen ei nen Ball.
- ☐ Wir ma chen ei nen Kreis.
- ☐ Wir ma chen ein Kreuz.

---

- ☐ Tim und To fu im Zelt.
- ☐ Tim und To ni im Zelt.
- ☐ Tim und To ni im Au to.

---

- ☐ Tier und To ni ma len.
- ☐ Tim und To fu bau en.
- ☐ Tim und To ni wip pen.

---

- ☐ Su si im Ba de an zug.
- ☐ Su si hat ei nen Hut.
- ☐ Su si auf ei nem Ball.

---

- ☐ Mark und Ni na fan gen.
- ☐ Mark und Ni na flö ten.
- ☐ Mark und Ni na fau chen.

Name: ______________________

 **Lies genau.** 

 **Kreuze an, was richtig ist.**

☐ Ein Pi rat mit Hus ten.
☐ Ein Pi rat mit Herz.
☐ Ein Pi rat mit Ha ken.

---

☐ In di a ner sit zen am Feu er.
☐ In di a ner sit zen im Was ser.
☐ In di a ner sit zen im Au to.

---

☐ Me tin wirft Maul weg.
☐ Me tin wirft Müll weg.
☐ Me tin wirft Mais weg.

---

☐ Das Ka nu ist sehr.
☐ Das Ka nu ist lei se.
☐ Das Ka nu ist leer.

---

☐ Die Tu be läuft an.
☐ Die Tü te säuft aus.
☐ Die Tu be läuft aus.

---

☐ Die Tür ist am.
☐ Der Bär ist auf.
☐ Die Tür ist auf.

---

☐ Der Müll ei mer ist vier.
☐ Das Müll ei sen ist voll.
☐ Der Müll ei mer ist voll.

Name:

 **Lies genau.**

 **Kreuze an, was richtig ist.**

- ☐ Die Zwer ge ste hen auf dem Kopf.
- ☐ Die Zwer ge ste hen auf dem Bein.
- ☐ Die Zwer ge ste hen auf dem Bart.

---

- ☐ Drei In di a ner sit zen im Zelt.
- ☐ Fünf In di a ner krie chen im Ka nu.
- ☐ Drei In di a ner sit zen im Ka nu.

---

- ☐ Die Ba de win ter ist schon voll.
- ☐ Die Ba de wan ne ist schön vier.
- ☐ Die Ba de wan ne ist schon voll.

---

- ☐ Wir ar bei ten am Grup pen schrank.
- ☐ Wir schwim men am Grup pen tisch.
- ☐ Wir ar bei ten am Grup pen tisch.

---

- ☐ Pi a führt ger ne mit ih rem Fahr buch.
- ☐ Pi a fährt ger ne mit ih rem Fahr rad.
- ☐ Pi a fährt ger ne mit ih rem Zahn rad.

---

- ☐ Ge spens ter ras seln mit den Kof fern.
- ☐ Ge spens ter rei ten mit den Ket ten.
- ☐ Ge spens ter ras seln mit den Ket ten.

---

- ☐ Si mon spielt toll auf der Tu ba.
- ☐ Si mon spielt toll auf der Tü te.
- ☐ Si mon spuckt toll auf der Tu ba.

Name: ______________________________

 **Lies genau.** 

 **Kreuze an, was richtig ist.**

☐ Das Ka nu läuft durch die Wüs te.
☐ Das Ka mel taucht durch die Wüs te.
☐ Das Ka mel läuft durch die Wüs te.

---

☐ Paul isst heim lich im Boot.
☐ Paul liest heim lich im Bett.
☐ Paul sägt heim lich im Brett.

---

☐ Im Nest sind vie le ban ge O fen ei er.
☐ Im Nacht sind vie le bun te Os ter ei er.
☐ Im Nest sind vie le bun te Os ter ei er.

---

☐ Die Kin der sit zen am Lü gen feu er.
☐ Die Kin der sit zen am La ger feu er.
☐ Die Kin der sie ben am La ger häu ser.

---

☐ Herr An ton haut ger ne Ra di o.
☐ Herr An ton hört grü nes Jo jo.
☐ Herr An ton hört ger ne Ra di o.

---

☐ Su san und Tom tau chen fröh lich.
☐ Su san und Tom tan zen fröh lich.
☐ Su san und Tom trin ken Bröt chen.

---

☐ Der Vo gel hat sei ne Kin der lieb.
☐ Der Va ter hat sei ne Kin der lieb.
☐ Der Va ter holt sei ne Kir mes lieb.

Name:

**Lies genau.**

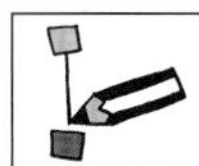

**Verbinde das Bild mit dem passenden Satz.**

| |
|---|
| Ni ko taucht. |
| Mar ko kocht. |
| Le on spielt. |
| Lars duscht. |
| Tim trom melt. |
| Pi lo ten flie gen. |
| O ma strickt. |
| Li sa rei tet. |
| Feu er brennt. |
| O ma trinkt. |
| Me la nie fährt. |

Name:

**Lies genau.**

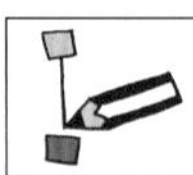

**Verbinde das Bild mit dem passenden Satz.**

Mer lin rennt.

Mer lin wür felt.

Mer lin liest.

Mer lin malt.

Mer lin rei tet.

Mer lin schnei det.

Mer lin lacht.

Mer lin kocht.

Mer lin fliegt.

Mer lin flucht.

Mer lin klet tert.



Carla Block / Katrin Wemmer: Sätze sinnentnehmend lesen

Name:

**Lies genau.**

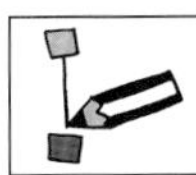

**Verbinde das Bild mit dem passenden Satz.**

Jan mag Er de.

Geis ter spu ken ger ne.

Ca ro la rutscht ger ne.

Jan mag Eis.

Tom am Herd.

Tom mit Di no.

Ca ro la rei tet ger ne.

Jens freut sich.

Ron ja mit Helm.

Ap fel oh ne Wurm.

Ap fel mit Wurm.

Name:

**Lies genau.**

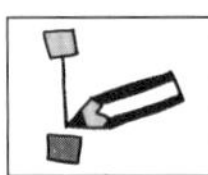

**Verbinde das Bild mit dem passenden Satz.**

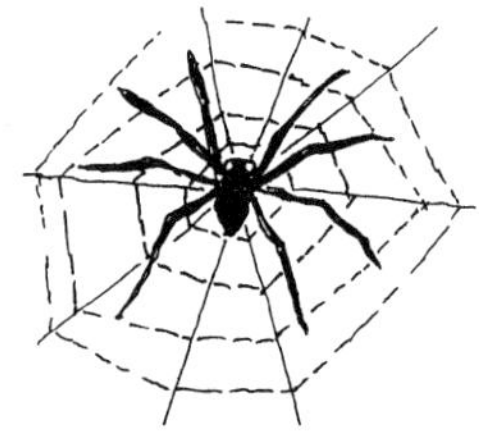

Af fe mit Ba na nen.

Mark spielt Fuß ball.

Af fe mit Fuß ball.

Blät ter im Sack.

O pa ist wü tend.

Spin ne im Satz.

Mäd chen mit Kat zen.

Kü ken im Nest.

Zwer ge im Schrank.

Kü he im Nest.

Spin ne im Netz.

Name:

**Lies genau.**

**Verbinde das Bild mit dem passenden Satz.**

Tim und To ni im Zelt.

Tim und To ni mit Schirm.

Tim und To ni mit Blu me.

Tor und To ni im Schnee.

Tim und To ni im Schnee.

Tim und To ni mit La ter nen.

Tim und Tu ba mit Welt.

Tim und To ni mit Wal.

Tim und To ni ma len.

To ni hat ei nen Dra chen.

Tim und To ni wip pen.

Name:

**Lies genau.**

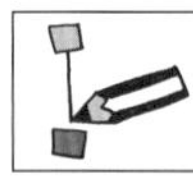

**Verbinde das Bild mit dem passenden Satz.**

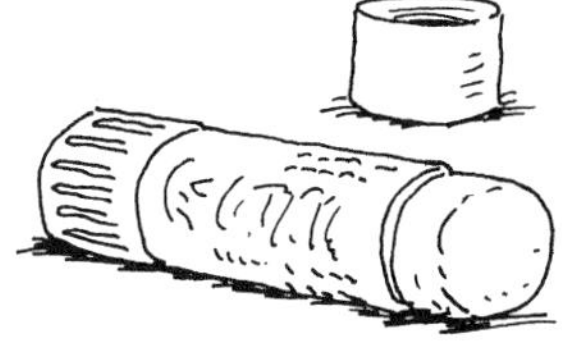

Ein Pi rat mit Hus ten.

Mark und Ni na flö ten.

Me tin wirft Müll weg.

Ein Rit ter mit Schau kel.

Ein Pi rat mit Ha ken.

Ein Rit ter mit Helm.

Das Ka nu ist leer.

Der Kle ber ist of fen.

Die Ker ze ist an.

Das Ka nu ist lei se.

Die Ker ze ist aus.

Name: ___

**Lies genau.**

**Verbinde das Bild mit dem passenden Satz.**

Sa ra ist un ter der Du sche.

Ein Kö nig re giert mit Kro ne.

Fünf In di a ner sind im Ka nu.

Die Zwer ge ste hen auf dem Bart.

Die Zwer ge ste hen auf dem Kopf.

Mi ra mit Schau fel im Gar ten.

Drei In di a ner sind im Ka nu.

Ein Mann auf ei nem Wal.

Wir ar bei ten am Grup pen schrank.

Wir ar bei ten am Grup pen tisch.

Ein Mann auf ei ner In sel.

Name:

**Lies genau.**

**Verbinde das Bild mit dem passenden Satz.**

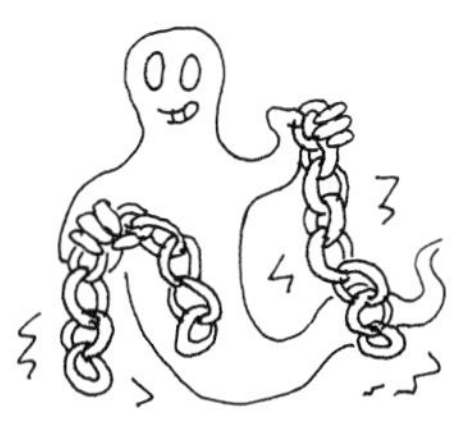

Ein Pi rat hat ei ne Au gen klap pe.

Das Ka nu läuft durch die Wüs te.

Ein Rit ter mit ei nem Rüs sel.

Ein Rit ter mit ei ner Rüs tung.

Das Ka mel läuft durch die Wüs te.

Ge spens ter ras seln mit Ket ten.

Pi a führt ger ne mit ih rem Zahn rad.

Im Herbst füh len die Blät ter.

Lars duscht nach dem Sport.

Im Herbst fal len die Blät ter.

Pi a fährt ger ne mit ih rem Fahr rad.



Carla Block / Katrin Wemmer: Sätze sinnentnehmend lesen

Name:

**Lies genau.**

**Schneide die Sätze aus.**

**Klebe die Sätze zum passenden Bild.**

| Zwei Freun de. | Tim ba det. | Sa ra duscht. | O ma strickt. |
|---|---|---|---|
| Mer lin malt. | Pa pa schiebt. | Pa pa siebt. | Ni ko taucht. |

Name:

 **Lies genau.** 

 **Schneide die Sätze aus.**

 **Klebe die Sätze zum passenden Bild.**

| Li sa rennt | Le on spielt. | Feu er brennt. | Li sa rei tet. |
| --- | --- | --- | --- |
| Mer lin wür felt. | Mer lin fliegt. | Mer lin weint. | Mer lin rennt. |

Name:

**Lies genau.**

**Schneide die Sätze aus.**

**Klebe die Sätze zum passenden Bild.**

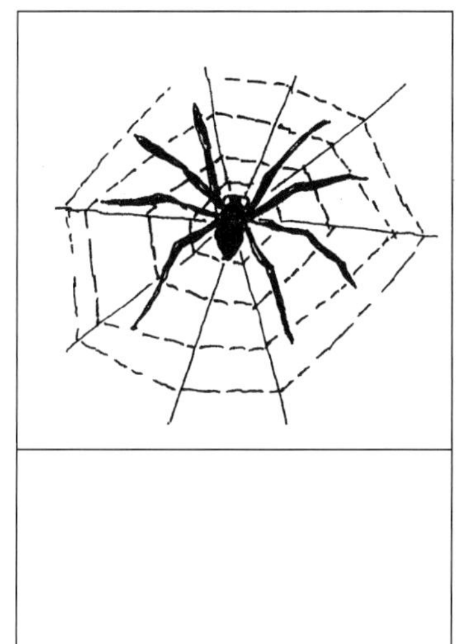

| | | | |
|---|---|---|---|
| To ni mit Fahr rad. | To ni mit Dra chen. | Su si mit Buch. | Su si mit Ball. |
| Lu lu mag Scho ko la de. | Mi ra mit Schau fel. | Ap fel mit Wurm. | Spin ne im Netz. |

Name:

 **Lies genau.**

 **Schneide die Sätze aus.**

 **Klebe die Sätze zum passenden Bild.**

| Ca ro la rutscht ger ne. | Blät ter im Sack. | Ca ro la rei tet ger ne. | Mo na rech net Mi nus. |
|---|---|---|---|
| Mar kus springt run ter. | Mar kus springt hi nauf. | Kö nig mit Kro ne. | Zwer ge im Schrank. |

Name:

 **Lies genau.**

 **Schneide die Sätze aus.**

 **Klebe die Sätze zum passenden Bild.**

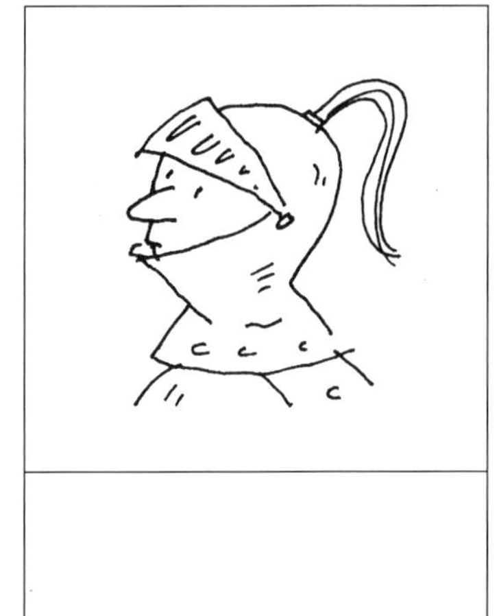

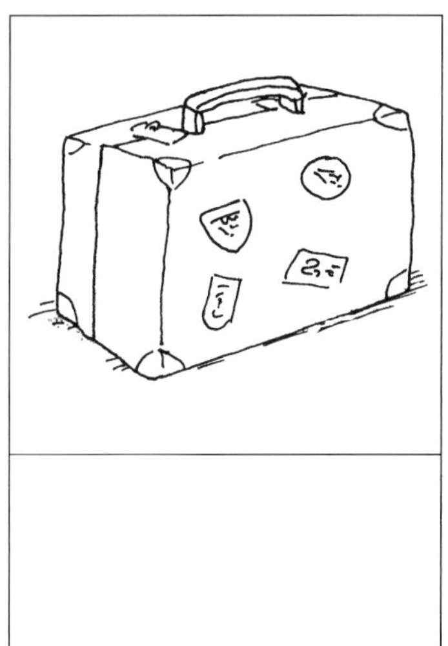

| Pa pa baut ei ne Mau er. | Tim und To ni mit Wal. | Tim und To ni mit Welt. | Die Welt ist rund. |
|---|---|---|---|
| Ein Rit ter mit Helm. | Ein Pi rat mit Ha ken. | Der Kof fer ist schwer. | In di a ner sit zen am Feu er. |

Name:

**Lies genau.**

**Schneide die Sätze aus.**

**Klebe die Sätze zum passenden Bild.**

| | | | |
|---|---|---|---|
| Merlin wäscht sein Auto. | Sara hat einen Zopf. | Lisa kauft Reis ein. | Sara hat einen Topf. |
| Gitarre spielen macht Spaß. | Gitarre spielen ist Sport. | Der Kleber ist offen. | Die Tür ist offen. |



Carla Block/Katrin Wemmer: Sätze sinnentnehmend lesen

Name:

**Lies genau.**

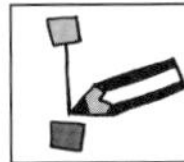

**Verbinde mit dem passenden Satzende.**

Pa pa

kaut.

läuft.

baut.

Mo na

riecht.

rech net.

ret tet.

Jan

ba det.

bas telt.

baut.

Ni ko

trinkt.

taucht.

raucht.

Mar ko

kriecht.

kauft.

kocht.

Name:

**Lies genau.**

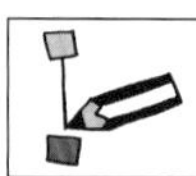

**Verbinde mit dem passenden Satzende.**

Mer lin

grüßt.

greift.

grillt.

Mer lin

klet tert.

klaut.

kleis tert.

Mer lin

läuft.

lacht.

liest.

Mer lin

fliegt.

flüs tert.

liegt.

Mer lin

leuch tet.

lacht.

rennt.

Name:

**Lies genau.**

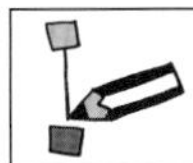

**Verbinde mit dem passenden Satzende.**

Fa bi an mit

Scherz.

Scharm.

Schirm.

Kö nig

mit Kro ne.

mit Kir schen.

mit Kan ne.

Mo na

riecht Mi nus.

rech net Plus.

rech net Mi nus.

Li sa

kocht Reis.

kauft Reis.

macht Pau se.

Mi ra mit

Schau fel.

Scha blo ne.

Schau kel.

Name:

**Lies genau.**

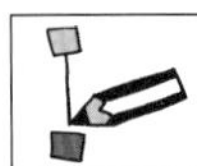

**Verbinde mit dem passenden Satzende.**

Tom

kauft Ei mer.

kriecht wei ter.

kocht al lei ne.

Jan mag

Eis.

Scho ko la de.

Reis.

Blät ter im

Su per markt.

So cken.

Sack.

Ap fel mit

Wurm.

Wut.

Wand.

Jens

weint sehr.

freut sich.

friert wie der.

Name:

**Lies genau.**

**Verbinde mit dem passenden Satzende.**

Ein Fi scher

mit Feu er.

mit Fens ter.

mit Fisch.

Wir ma chen

ei nen Kreis.

ein Kreuz.

ei nen Ke gel.

Die Welt

ist rund.

ist ro sa.

wird li la.

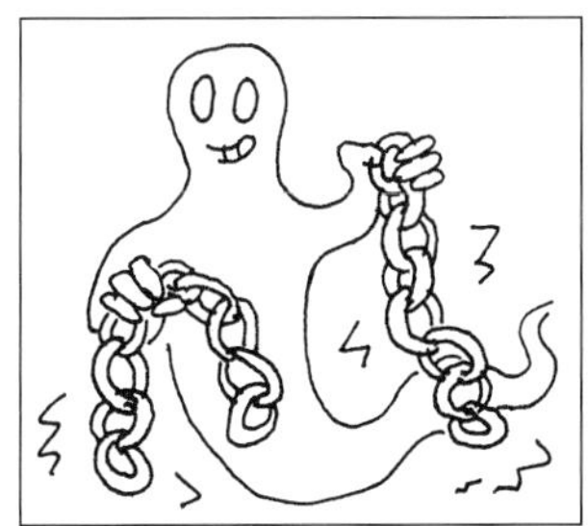

Ein Geist

rei tet mit Ku chen.

ras selt im Kreis.

ras selt mit Ket ten.

Mark und Ni na

flu chen.

fei ern.

flö ten.

Name:

**Lies genau.**

**Verbinde mit dem passenden Satzende.**

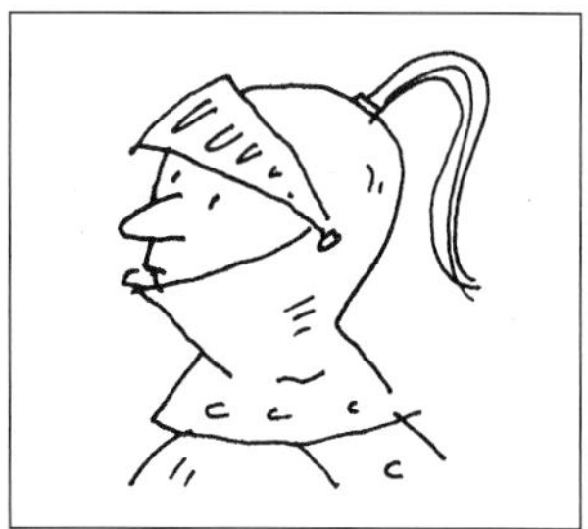

Ein Rit ter

mit Helm.

mit Hei zung.

mit Hei mat.

Me tin wirft

Mäu se weg.

Müll weg.

Müll weit.

Die Ker ze

ist aus.

ist of fen.

ist auf.

Der Kle ber

ist ro sa.

ist leicht.

ist of fen.

San dra hat

ei nen Zopf.

ei nen Topf.

zwei Zöp fe.

Name:

**Lies genau.**

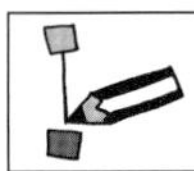

**Verbinde mit dem passenden Satzende.**

Tim und To ni

un ter dem Schirm.

ü ber der Welt.

ne ben der Reit ho se.

Tim und To ni

in der Son ne.

ü ber den Wol ken.

un ter der Blu me.

Tim und To ni

bau en ei ne Schne cke.

bau en ei nen Schnee bä ren.

lau fen ne ben Schlit ten.

Tim und To ni

auf ei nem Wal.

auf der Welt.

un ter Was ser.

Tim und To ni

ha ben Kir mes.

ho len Schlan gen.

ha ben La ter nen.

Name:

**Lies genau.**

**Verbinde mit dem passenden Satzende.**

Der Va ter hat

sei ne Kin der blau.

si cher Kü he gern.

sei ne Kin der lieb.

Drei In di a ner

sind im Ka nu.

sind im To fu.

wa ren im Korb.

Ein Mann

auf ei ner In sel.

un ter ei ner Wel le.

ü ber den Fel dern.

Do mi nik hört

dem Vo gel zu.

ei ne Eu le sin gen.

die Blät ter fal len.

Das Ka mel

läuft durch die Wüs te.

taucht durch den Sand.

säuft den Kak tus.

Name:

**Lies genau.**

**Welcher Satz passt nicht zum Bild? Streiche durch.**

Li sa kocht Reis.

Li sa kauft Reis.

Li sa be zahlt.

Mi ra im Gar ten.

Mi ra mit Schau kel.

Mi ra mit Schau fel.

Fa bi an mit Schirm.

Fa bi an im Re gen.

Fa bi an beim Re den.

Mo na rech net Mi nus.

Mo na denkt nach.

Mo na rech net Plus.

Tom am Herd.

Tom kauft Nu deln.

Tom kocht Nu deln.

Ron ja rei tet ger ne.

Ron ja rutscht ger ne.

Ron ja mit Helm.

Name:

**Lies genau.**

**Welcher Satz passt nicht zum Bild? Streiche durch.**

Mark spielt Fuß ball.

Mark schließt.

Mark schießt.

Jan oh ne Eis.

Jan mag Eis.

Jan mit Eis.

A mi lacht.

A mi freut sich.

A mi friert sehr.

Mäd chen ma len Kat zen.

Mäd chen mit Kat zen.

Mäd chen mö gen Kat zen.

Kü ken im Nest.

Kü ken schreit laut.

Kü ken schreibt laut.

Pi a mit Helm.

Pi a fährt Drei rad.

Pi a fährt Fahr rad.

Name:

**Lies genau.**

**Welcher Satz passt nicht zum Bild? Streiche durch.**

Der Müll ei mer ist leer.

Der Müll stinkt sehr.

Der Müll ei mer ist voll.

Tim und To ni mit Schnee bär.

Tim und To ni mit Schnee mann.

Tim und To ni bau en.

Pa pa baut mit Stei nen.

Pa pa baut ei ne Maus.

Pa pa baut ei ne Mau er.

Jan mit viel Schaum.

Jan in der Ba de wan ne.

Jan in der Du sche.

Ein Pi rat mit Hus ten.

Ein Pi rat mit Ha ken.

Ein Pi rat mit Au gen klap pe.

Das Ka nu ist leer.

Das Ka nu ist lei se.

Das Ka nu ist im Was ser.

Name:

**Lies genau.**

**Welcher Satz passt nicht zum Bild? Streiche durch.**

Wir ma chen ei nen Kranz.

Wir hal ten un se re Hän de.

Wir ma chen ei nen Kreis.

Mer lin wäscht sein Au to.

Das Au to wird dre ckig.

Das Au to wird sau ber.

Me tin spielt die Gi tar re.

Gi tar re spie len macht Spaß.

Gi tar re spie len macht Sport.

Wöl fe klau en den Mond.

Nachts ist es dun kel.

Wöl fe heu len den Mond an.

Der Fi scher hat ei ne Müt ze.

Der Fi scher fängt Fi sche.

Der Fi scher kämmt Fi sche.

Ge spens ter ras seln mit Kis sen.

Ge spens ter spu ken nachts.

Ge spens ter ras seln mit Ket ten.

Name:

**Lies genau.**

**Welche 2 Sätze passen nicht zum Bild? Streiche durch.**

Paul liest heim lich im Bett.

Paul liest heim lich im Bad.

Paul liegt heim lich im Bett.

Paul hat ei ne Ta schen lam pe da bei.

Zwei In di a ner sit zen im Ka nu.

Drei In di a ner sit zen im Ka nu.

Zwei In di a ner pa cken auf dem See.

Drei In di a ner pad deln auf dem See.

Das Ka mel liegt in der Wüs te.

In der Wüs te ist es heiß.

In der Wä sche ist es heiß.

Das Ka mel läuft durch die Wüs te.

Do mi nik hört dem Vo gel zu.

Do mi nik singt ein schö nes Lied.

Der Vo gel singt ein schö nes Lied.

Der Vo gel singt ein kur zes Licht.

Der Mann ist al lein auf ei nem Ig lu.

Der Mann war tet auf ein Schilf.

Der Mann war tet auf ein Schiff.

Der Mann ist al lein auf ei ner In sel.

Name:

**Lies genau.**

**Welche 2 Sätze passen nicht zum Bild? Streiche durch.**

Das neue Au to steht im Gar ten.

Der Gar ten ist of fen.

Die Ga ra ge ist of fen.

Das neue Au to steht in der Ga ra ge.

Si mon spielt auf der gro ßen Tu ba.

Si mon spielt auf der gro ßen Trom mel.

Tu ba sprin gen macht viel Spaß.

Tu ba spie len macht viel Spaß.

Die Kin der ar bei ten im Grup pen schrank.

Die Kin der ar bei ten mit Sche re und Stift.

Die Kin der ar bei ten mit Sche re und Stab.

Die Kin der ar bei ten am Grup pen tisch.

Drei He xen flie gen mit ih ren Be sen.

Zwei He xen sau gen durch die Luft.

Zwei He xen sau sen durch die Luft.

Zwei He xen flie gen mit ih ren Be sen.

Lars duscht nach dem Sport.

Das Was ser ist schön weich.

Das Was ser ist schön warm.

Lars ba det nach dem Sport.

Name:

 **Lies genau.** 

 **Kreise das passende Wort ein.**

| | | |
|---|---|---|
| | O ma | strickt.<br>strickst. |
| | Tim | trom meln.<br>trom melt. |
| | Pi lo ten | flie gen.<br>fliegt. |
| | Le on | spie len.<br>spielt. |
| | Pa pa | schiebt.<br>schie ben. |
| | Müll | stinkt.<br>stin ken. |
| | Wöl fe | heu len.<br>heult. |
| | Mer lin | klet tert.<br>klet tern. |

Name: ______________________________

 **Lies genau.**

 **Kreise das passende Wort ein.**

| | | |
|---|---|---|
| | Mer lin | wür felt.<br>wür felst. |
| | Mer lin | schreibst.<br>schreibt. |
| | Mer lin | schnei den.<br>schnei det. |
| | Mer lin | läufst.<br>läuft. |
| | Mer lin | malt.<br>ma len. |
| | Mer lin | lachst.<br>lacht. |
| | Mer lin | flie ge.<br>fliegt. |
| | Mer lin | liest.<br>lest. |

Name:

**Lies genau.**

**Kreise das passende Wort ein.**

| | | | |
|---|---|---|---|
| | Wir | mö gen<br>mag | uns. |
| | Li sa | kauft<br>kaufst | Reis. |
| | Jan | mag<br>mö gen | Eis. |
| | Tom | kochst<br>kocht | al lei ne. |
| | Geis ter | spu ken<br>spukt | nachts. |
| | Ca ro | rei tet<br>rei ten | ger ne. |
| | Jens | freu en<br>freut | sich. |
| | Mark | ruft<br>rufst | laut. |

Name:

 **Lies genau.**

 **Kreise das passende Wort ein.**

| | | | |
|---|---|---|---|
| | Mark | spie len<br>spielt | Fuß ball. |
| | O pa | ist<br>bin | wü tend. |
| | Mäd chen | mö gen<br>magst | Kat zen. |
| | Spin nen | we ben<br>webst | Net ze. |
| | Kü ken | hast<br>ha ben | Hun ger. |
| | Af fen | es sen<br>ist | Ba na nen. |
| | Mi ra | gra ben<br>gräbt | Lö cher. |
| | Kö ni ge | ha ben<br>hat | Kro nen. |

Name:

 **Lies genau.**

 **Kreise das passende Wort ein.**

| | | | |
|---|---|---|---|
| | Der Fi scher | ver kauft<br>ver kau fen | Fisch. |
| | Pa pa | baut<br>bau en | ei ne Mau er. |
| | Wir | hat<br>ha ben | uns gern. |
| | Wir | ma chen<br>machst | ei nen Kreis. |
| | Li sa | ha be<br>hat | ei nen Ball. |
| | Die Welt | ist<br>sind | rund. |
| | Tim | wippt<br>wip pen | mit To ni. |
| | Geis ter | ras selt<br>ras seln | mit Ket ten. |

Name:

 **Lies genau.**

 **Kreise das passende Wort ein.**

| | | | |
|---|---|---|---|
| | Jan | hat<br>ha ben | ein Eis. |
| | Ni na | flö ten<br>flö tet | mit Mark. |
| | Me tin | wer fen<br>wirft | Müll weg. |
| | Die Ker ze | ist<br>bist | aus. |
| | Der Kle ber | läuft<br>lau fen | aus. |
| | Mer lin | wäschst<br>wäscht | sein Au to. |
| | Die Tür | stehst<br>steht | auf. |
| | Gi tar re spie len | macht<br>ma chen | Spaß. |

Name:

 **Lies genau.** 

 **Kreise das passende Wort ein.**

| | | | |
|---|---|---|---|
| | Die Zwei | bau en<br>baut | ei nen Bä ren. |
| | Tim und To ni | spa zie ren<br>spa ziert | im Re gen. |
| | Die Zwer ge | steht<br>ste hen | auf dem Kopf. |
| | Tim und To ni | ha ben<br>hast | La ter nen. |
| | Tim und To ni | zel test<br>zel ten | im Gar ten. |
| | Ge spens ter | ras seln<br>ras selt | mit den Ket ten. |
| | Do mi nik | hö ren<br>hört | dem Vo gel zu. |
| | Das Ka mel | lau fen<br>läuft | durch die Wüs te. |

Name:

 **Lies genau.**

 **Kreise das passende Wort ein.**

| | | | |
|---|---|---|---|
| | Auf der In sel | ge ben<br>gibt | es ei ne Kis te. |
| | Das Au to | steht<br>stehst | in der Ga ra ge. |
| | Der Müll muss | aus ge leert<br>aus lee ren | wer den. |
| | Der Va ter hat | sei nem<br>sei ne | Kin der lieb. |
| | Der Jä ger | hast<br>hat | ei nen Jagd hund. |
| | Si mon spielt auf | sei ner<br>sei nem | gro ßen Tu ba. |
| | Der Pi rat | ha be<br>hat | ei ne Au gen klap pe. |
| | Ein Mann | war tet<br>war ten | auf ei ner In sel. |

Name:

**Lies genau.**

**Wie ist die Reihenfolge? Schreibe die Zahlen 1, 2, 3 in die Kreise.**

| | |
|---|---|
| ◯ sind<br>◯ Wir<br>◯ Freu nde. | ◯ Li sa<br>◯ Scho ki.<br>◯ isst |
| ◯ Li sa<br>◯ Reis.<br>◯ kauft | ◯ laut.<br>◯ Jan<br>◯ ruft |
| ◯ rech net<br>◯ Mi nus.<br>◯ Mi na | ◯ Fuß ball.<br>◯ spielt<br>◯ Mark |
| ◯ Eis.<br>◯ mag<br>◯ Jan | ◯ Ap fel<br>◯ Wurm.<br>◯ mit |
| ◯ mit<br>◯ To ni<br>◯ Dra chen. | ◯ ist<br>◯ O pa<br>◯ wü tend. |
| ◯ spu ken<br>◯ ger ne.<br>◯ Geis ter | ◯ Ba na nen.<br>◯ Af fe<br>◯ mit |

Name:

 **Lies genau.** 

 **Wie ist die Reihenfolge? Schreibe die Zahlen 1, 2, 3 in die Kreise.**

| | |
|---|---|
| ◯ in der<br>◯ Jan singt<br>◯ Ba de wan ne. | ◯ sit zen<br>◯ In di a ner<br>◯ am Feu er. |
| ◯ ma chen<br>◯ ei nen Kreis.<br>◯ Wir | ◯ Mer lin<br>◯ sein Au to.<br>◯ wäscht |
| ◯ Pa pa<br>◯ ei ne Mau er.<br>◯ baut | ◯ Die Tu be<br>◯ aus.<br>◯ läuft |
| ◯ Ron ja<br>◯ ei nen Helm.<br>◯ hat | ◯ wirft<br>◯ Müll weg.<br>◯ Me tin |
| ◯ Mark und<br>◯ flö ten.<br>◯ Ni na | ◯ Der Kof fer<br>◯ schwer.<br>◯ ist |
| ◯ To ni und<br>◯ dem Wal.<br>◯ Tim auf | ◯ hat ei nen<br>◯ San dra<br>◯ Zopf. |

Name:

 **Lies genau.**

 **Wie ist die Reihenfolge? Schreibe die Zahlen 1, 2, 3, 4 in die Kreise.**

| | |
|---|---|
| ◯ und Tim<br>◯ bau en ei nen<br>◯ To ni<br>◯ Schnee bä ren. | ◯ sich nach<br>◯ Lars<br>◯ duscht<br>◯ dem Sport. |
| ◯ auf dem<br>◯ ste hen<br>◯ Kopf.<br>◯ Die Zwer ge | ◯ hört im<br>◯ Wald ei nem<br>◯ Do mi nik<br>◯ Vo gel zu. |
| ◯ zel ten<br>◯ Tim und<br>◯ To ni<br>◯ im Gar ten. | ◯ auf sei ner<br>◯ Si mon<br>◯ gro ßen Tu ba.<br>◯ spielt toll |
| ◯ To ni und<br>◯ pflan zen<br>◯ Tim<br>◯ ei ne Blu me. | ◯ das Buch<br>◯ Paul liest<br>◯ heim lich<br>◯ im Bett. |
| ◯ Mi ra gräbt<br>◯ im Gar ten mit<br>◯ der Schau fel<br>◯ ein Loch. | ◯ fal len<br>◯ die Blät ter von<br>◯ Im Herbst<br>◯ den Bäu men. |

# Extra-Materialien für Ihre Schüler mit sonderpädagogischem Förderbedarf!

Jetzt wird Differenzierung leichter: Die Materialien unserer neuen Reihe **„Sonderpädagogische Förderung in der Regelschule"** sind besonders klar, einfach und übersichtlich aufgebaut. So ermöglichen Sie Ihren Schülern mit sonderpädagogischem Förderbedarf, selbstständig zu üben.

*Julia Schäfer*

**Die visuelle Wahrnehmung trainieren**

Übungsmaterial für Schüler mit sonderpädagogischem Förderbedarf

Die visuelle Wahrnehmung ist Grundlage für das erfolgreiche Lesen-, Schreiben- und Rechnenlernen. Schüler mit sonderpädagogischem Förderbedarf brauchen sehr viel Zeit und vor allem geeignetes Übungsmaterial, um ihre Wahrnehmung ausreichend zu trainieren. Genau das bieten wir Ihnen hier. Alle Materialien wurden speziell für den Einsatz in individuellen Übungsphasen entwickelt und lassen sich sofort differenzierend einsetzen (z. B. im Rahmen der Wochenplanarbeit). Durch einfache, sich wiederholende Aufgabenformate sowie den Einsatz unterstützender Piktogramme wird selbstständiges Üben auch für Schüler mit sonderpädagogischem Förderbedarf leicht möglich.

Kopiervorlagen, lose eingeschweißt,
64 Seiten, DIN A4
1. Klasse
Best.-Nr. 21026

*Katrin Wemmer*

**Silben und Reime erkennen und zuordnen**

Dieses zusätzliche Material zum Thema phonologische Bewusstheit enthält Aufgaben zum Thema Silben (Silben klatschen und Silbenbögen malen/ausschneiden/aufkleben/verbinden) sowie zum Thema Reime (Reimpaare verbinden/ausschneiden/ausmalen).

Kopiervorlagen, lose eingeschweißt,
60 Seiten, DIN A4
1. und 2. Klasse
Best.-Nr. 21028

*Katrin Wemmer*

**Laute erkennen und zuordnen**

Dieses Extra-Material liefert Ihnen abwechslungsreiche Aufgaben zum Ausmalen, Verbinden, Einkreisen, Ausschneiden und Kleben rund um das Thema An-, In- und Auslaute.

Kopiervorlagen, lose eingeschweißt,
64 Seiten, DIN A4
1. und 2. Klasse
Best-Nr. 21029

*Monika Konkow, Ellen Müller*

**Pränumerische Grundfertigkeiten trainieren**

Hier finden Sie zusätzliches Material zu den grundlegenden Übungsthemen der Pränumerik: Längen-Größen-Mengenvergleiche, Raum-Lage-Wahrnehmung, Farben und Formen.

Kopiervorlagen, lose eingeschweißt,
50 Seiten, DIN A4
1. Klasse
Best.-Nr. 21027

*Monika Konkow, Kirstin Jebautzke*

**Zahlen bis 10 erkennen, schreiben, zuordnen**

Bevor mit Zahlen gerechnet werden kann, müssen Kinder lernen, Ziffern zu erkennen und zu schreiben. Schüler mit sonderpädagogischem Förderbedarf brauchen hierfür mehr Übungszeit und speziell geeignetes Übungsmaterial. Das bieten diese Arbeitsblätter.

Kopiervorlagen, lose eingeschweißt,
60 Seiten, DIN A4
1. und 2. Klasse
Best.-Nr. 21024

*P. Schön, A. Pogoda Saam, A. Ottmann*

**Addition und Subtraktion im Zahlenraum bis 10 trainieren**

Üben Sie mit Ihren Schülern die Addition und Subtraktion anhand von Tauschaufgaben, Nachbaraufgaben, Umkehraufgaben, Zahlenmauern, Ergänzungsaufgaben und Rechengeschichten.

Kopiervorlagen, lose eingeschweißt,
64 Seiten, DIN A4
1. und 2. Klasse
Best.-Nr. 21031

*P. Schön, A. Pogoda Saam, M. Konkow*

**Mengen und Zahlen bis 20 erkennen und zuordnen**

Größer? Kleiner? Gleich? Hier trainieren Ihre Schüler die sichere Orientierung innerhalb der Zahlenreihen und Mengen bis 10 bzw. bis 20.

Kopiervorlagen, lose eingeschweißt,
47 Seiten, DIN A4
1. und 2. Klasse
Best.-Nr. 21030

**Unser Bestellservice:**

Das komplette Verlagsprogramm finden Sie in unserem Online-Shop unter **www.persen.de**

Bei Fragen hilft Ihnen unser Kundenservice gerne weiter.

Deutschland: ✆ 040/32 50 83-040 • Schweiz: ✆ 052/366 53 54 • Österreich: ✆ 0 72 30/200 11